SUITE DE L'ESSAI SUR LA MUSIQUE SACRÉE ET IMITATIVE,

Où l'on donne le Plan d'une Musique propre à la Fête de Pâque.

Par M. LE SUEUR,
Maître de Chapelle de l'Eglise de Paris.

Denique sit quodvis simplex duntaxat & unum.
HOR. Art. Poet. v. 23.

A PARIS,
Chez la Veuve HERISSANT, Imprimeur du Chapitre, rue neuve Notre-Dame.

1787.

INTRODUCTION.

L'ACCUEIL favorable que le Public a paru faire à l'Eſſai de Muſique d'Egliſe, m'a engagé à publier cette ſeconde partie. Comme il ne s'agit point ici d'une Muſique compoſée ſur un Poëme, où toutes les ſituations ſont indiquées par l'Auteur des paroles, & que le Muſicien, dans cet Eſſai, eſt obligé d'établir lui-même l'unité, qui, dans l'autre cas, eſt établie par le Poëte; il croit, par cette raiſon, devoir développer ſes principes, pour donner connoiſſance de ſes intentions. Ce n'eſt pas qu'il prétende avoir trouvé là la question. Comme mon objet ici est d'instruire mes éleves, voici la véritable. La Musique peut-elle remplir ce plan ? J'entends déja les Maîtres de l'art répondre hardiment : *Oui.* Eh bien, maintenant proposons-en une autre. Laquelle des deux musiques d'église pourra être la plus vraie, ou de celle qui s'efforcera d'être *une*, *imitative* & *particuliere à chaque solemnité*, ou de celle qui dédaignera ce principe pour ne montrer que de beaux, de très-beaux morceaux même, sans aucuns rapports d'objet entre eux, pour offrir des tableaux particuliers qui ne concourront point à former un tableau unique & général, pour étaler une masse musicale qui ne fixera aucunement l'attention sur l'objet de la fête ? Les gens de génie, avant de me laisser achever, m'ont déja répondu que ce sera la premiere, & même ceux qui pourroient être mal intentionnés deviennent leurs échos, mais en mettant malignement cette restriction, *que ma musique n'y répond point.* En ce cas, vous qui avez beaucoup plus d'acquis que moi, perfectionnez ce genre ; je vous en laisserai entiérement la gloire, & je ne rougirai point d'aller glaner après vous dans les routes d'un art dont l'avancement seul m'intéresse. Si cet Ecrit de peu de mérite & mon foible pinceau musical peuvent seulement donner l'idée de composer une meilleure musique, je me croirai assez récompensé.

FIN.

ce principe d'unité, il a été établi dans tous les ſiecles par la Nature.

Hos Natura modos primùm dedit (1).

Les hommes de génie en ont parlé dans tous les temps. Ariſtote l'a indiqué le premier ; & tous les Philoſophes, depuis, l'ont recommandé aux Artiſtes. Dans ce ſiecle, Rouſſeau n'a point oublié de le rappeler aux Muſiciens ; & je ne cherche ici qu'à le mettre en vigueur dans la Muſique d'Egliſe, en m'efforçant d'en compoſer une qui ſoit tellement propre à chaque fête, qu'elle ne puiſſe s'exécuter un autre jour, ſans faire montre de la plus grande abſurdité. J'ai tâché de ſuivre ce principe dans la *Meſſe* & le *Magnificat* du jour

(1) Virg. Georg. liv. 2, v. 20.

de Pâque, ainsi que dans le *Motet* de la veille, où, pour établir l'unité de temps, d'action & de lieu, je n'ai pas cru pouvoir mieux faire que de rassembler, dans un seul corps, d'après les conseils d'un Théologien très-éclairé, les traits les plus saillans des Historiens sacrés, à l'effet de former une histoire suivie de la Résurrection.

Comme plusieurs Compositeurs ont paru trouver singulier qu'un Musicien fût capable d'écrire ses intentions, je laisse aux gens de Lettres à leur répondre, que ceci doit être d'autant plus une chose ordinaire pour un Artiste, que non seulement plusieurs l'ont fait avec succès, mais que tous ceux qui cherchent à s'initier dans les secrets de leur art, doivent au moins s'efforcer de s'en rendre capables.

Ce n'eſt pas que je prétende ne point avoir reçu de conſeils. Je ne rougirai jamais d'en prendre des perſonnes éclairées, & même non muſiciennes; ces dernieres ſont ſans préjugés. J'en ai trouvé la preuve dans un Eccléſiaſtique de beaucoup d'eſprit, dont les lumieres ne m'ont pas nui, ſur-tout pour la partie théologique.

Un Artiſte n'aura pas honte d'écouter les conſeils du Poëte Homere, en étudiant ſans ceſſe ſes ouvrages, ſur-tout s'il ſait rendre ſiennes les idées qu'il puiſera dans ce grand homme.

Celui qui marche dans le ſentier d'un autre, ſans ſavoir pourquoi, ne trouve rien, n'invente rien : il faut au moins connoître ce que l'on veut pratiquer. Un Artiste doit sentir les principes de ses Maîtres, & non pas seulement les apprendre par cœur. Les préceptes de tel Philosophe ne doivent pas plus être préceptes pour lui que ceux de tel autre : mais si, après les avoir approfondis, il sait démêler ceux qu'il doit choisir, d'avec ceux qu'il doit laisser, ils lui appartiendront pour lors. La vérité luit également pour tous les hommes, & son flambeau n'appartient pas plus à l'homme de génie qui a su s'en servir le premier, qu'à celui qui sait s'en éclairer le dernier. Appercevez-vous cette abeille diligente, qui va bourdonnant dans ces champs fleuris ? La voyez-vous qui s'arrête tantôt sur une fleur, tantôt ſur une autre? Elle y choiſit, elle y recueille un butin qui ne lui appartient pas d'abord; mais quand elle en a formé ſon miel précieux, les champs où elle en a été dérober le germe ont-ils le droit de le lui diſputer? J'ai tâché d'imiter cette abeille; & perſonne non plus ne ſe vantera de m'avoir prêté ſa plume pour ce foible Eſſai. Eſt-ce donc une choſe bien extraordinaire qu'un Muſicien puiſſe écrire deux lignes, ſur-tout quand il s'agit de Muſique?

O Compoſiteurs! ſi cela eſt, quelle opinion a-t-on de nous?

Navita de ventis; de tauris narrat Arator;
Enumerat Miles vulnera; Paſtor oves.

Si un Poëte latin prétend qu'un Pilote peut parler des vents; un Bouvier, des taureaux ; un Guerrier, de ſes bleſſures ; un Berger, de ſes troupeaux : défend-il au Muſicien de pouvoir parler de ſon art ? Il ne ſort pas plus alors de ſa ſphere que ceux dont parle ce Poëte ; & il ne reſſemble point à ceux dont parle Horace, quand il dit que le bœuf voudroit porter la ſelle, & le cheval, traîner la charrue.

Optat ephippia bos piger ; optat arare caballus.

Avant de commencer le Motet, il eſt bon d'obſerver que cette eſpece de piece doit être compoſée comme un Oratoire. En effet, quelle différence un Maître de Chapelle doit-il trouver entre un Motet revêtu d'une Muſique ſçavante, mais où l'on ne devinera aucune ſituation ; & un autre, revêtu d'une Muſique pittoreſque ?

Il y trouvera, je crois, celle-ci : que le premier n'eſt qu'un tableau ſans deſſein, où l'on aura placé indifféremment un feſtin à côté d'un tombeau ; un David, pinçant de la harpe, à côté d'un ſaint Auguſtin, réfutant gravement des Hérétiques ; une ſalle de ſpectacle à côté d'un temple ; & que le ſecond eſt un tableau où le connoiſſeur appercevra que le peintre a eu l'intention du moins d'y prendre un ſujet, & de n'y employer que ce qui lui convient. Si ce ſujet, par exemple, repréſente les Noces de Cana, on n'y verra que les perſonnages & les événemens qui avoient rapport à cette fête. On n'y placera point un Abraham ou un Salomon. Si c'eſt une Réſurrection, on n'y verra que les objets qui doivent s'y rencontrer. On appercevra que le peintre a voulu y mettre du choix, de l'unité, y obſerver les proportions, y garder le coſtume & le caractere des perſonnages ; y placer des contraſtes, y faire dégrader les couleurs, en un mot, on y reconnoîtra une connexité, une appartenance, ſans quoi tous les ouvrages d'imagination ne peuvent prétendre aux ſuffrages des perſonnes initiées dans les beaux arts.

Si un Compoſiteur, dans une Meſſe qu'il deſtineroit à être exécutée le jour de Pâque, compoſoit, ſur les *Kyrie*, une Muſique qui peindroit (comme on l'a fait ſouvent) des perſonnages gémiſſans, accablés ſous leurs maux, garderoit-il les convenances ? Cette peinture conviendroit-elle au jour de Pâque ? au jour où le Rédempteur vient de les délivrer ? Si, au *Qui tollis peccata mundi, miſerere nobis*, il s'attachoit à donner à cette priere une teinte d'abattement & l'expreſſion d'une ame qui ne voit encore ſa délivrance que dans un grand éloignement, cette peinture conviendroit-elle au jour de Pâque ? Si, au *Credo*, il revêtoit d'une Muſique myſtérieuſe l'*Et incarnatus eſt de Spiritu Sancto, ex Mariâ Virgine, & Homo factus eſt*; s'il s'arrêtoit enfin ſur ce trait du tableau, cette peinture conviendroit-elle au jour de Pâque ? Si, au *Crucifixus* du même *Credo*, il s'arrêtoit ſur l'image de la Paſſion, cette peinture conviendroit-elle au jour de Pâque ?

En outre, ſi, à côté du *Kyrie*, il

faisoit entendre un *Gloria in excelsis Deo*, & *in terrâ, pax hominibus bonæ voluntatis*, qui eût l'expression convenable à des personnes qui jouissent du plus parfait bonheur & de la plus grande paix; si, à côté du *Qui tollis*, il faisoit entendre un *Quoniam tu solus sanctus*, qui eût la teinte convenable à des personnes assurées d'une délivrance prochaine; si, à côté du *Crucifixus*, il faisoit entendre un *Resurrexit*, dont le caractere doit être de la plus grande gaîté, ce Compositeur n'auroit-il pas fait entrer, dans le même tableau, des personnages accablés sous le poids de leurs chaînes, à côté d'autres qui jouissent du bonheur de la liberté, du calme le plus parfait? N'auroit-il pas fait entrer, dans le même tableau, les cris du déſeſpoir à côté de la douce émotion que fait éprouver l'eſpérance ? Enfin, n'auroit-il pas mis en action, dans le même tableau, l'Incarnation à côté de la Naiſſance ; la Naiſſance à côté de la Mort ; la Mort à côté de la Réſurrection du Sauveur ? O vous, Artiſtes éclairés ! que penſez-vous de cet enſemble, ou plutôt de ce déſordre ? Chaque objet en particulier ſera rendu ; mais qu'on raſſemble ces traits épars, qu'on faſſe concourir ces éclairs ſéparés, en fera-t-on jamais ſortir un jour brillant ?

Une Meſſe, conçue de cette maniere, pourra s'attirer les ſuffrages par les détails ; mais pourra-t-elle jamais les mériter par l'enſemble ? L'unité n'y ſera-t-elle pas rompue, comme dans un Concert, où d'ailleurs elle n'est point nécessaire, & où chaque piece est comme isolée par rapport à une autre, puisqu'on peut y faire entendre un Oratoire auprès d'une Symphonie ; un Motet auprès d'une Scene, &c. ; & cela n'empêche point la Musique d'en être très-belle : témoin celle qu'on a coutume d'entendre dans un Concert aussi renommé que le talent de ses Exécutans, & dirigé par un Artiste dont l'intelligence justifie le nom célebre qu'il s'est acquis.

Le Compositeur, prenant la Résurrection pour son sujet, doit s'astreindre, je crois, à ne faire entrer, dans son câdre, que ce qui y a rapport. Le *Resurrexit* doit donc, si l'on peut s'exprimer ainsi, répandre ses rayons ſur toute la Muſique du jour. Que les Connoiſſeurs jettent les yeux ſur un des chef-d'œuvres de la Muſique d'Egliſe, ſur la Meſſe des Morts de M. *Goſſec*, que, tout récemment encore, la Flandre vient d'applaudir avec autant d'enthouſiaſme que la Capitale ; on y découvrira que cet habile Compoſiteur a ſu jetter, ſur tout ſon ouvrage, la teinte rembrunie qui y convenoit.

Dira-t-on que la Muſique d'Egliſe ne doit pas être dramatique ? Mais interrogeons les Compoſiteurs célebres ; interrogeons les *Gluck*, les *Piccini*, les *Grétry*, les *Paëſiello*, les *Philidor*, les *Anfoſſi*, &c. ; ils nous répondront, ou plutôt leurs chef-d'œuvres répondront pour eux, que la Muſique dramatique eſt celle qui eſt imitative ;

tative ; que celle qui est imitative, est celle qui rend les situations, qui excite, au fond des ames, les sentimens qu'elle exprime ; enfin, ils répondront que la Musique imitative est celle qui peint. Or, la Musique d'Eglise doit peindre ; elle est donc dramatique. Pour être telle, elle se sert des mêmes moyens qui sont propres à ce genre de Musique. Ses voix, ses instrumens, sa magie, ses effets sont les mêmes. L'une ne requiert pas moins que l'autre des Exécutans, en qui le Compositeur puisse faire passer tous ses sentimens, toute son ame ; des Exécutans qui la conçoivent ; car, que diroit-elle à ceux qui ne peuvent la sentir ? Aussi, est-ce avec raison que je m'applaudis encore tous les jours d'avoir trouvé dans les Artiſtes, depuis que je ſuis fixé dans cette capitale, non-ſeulement un empreſſement peu commun pour l'exécution de mes ouvrages, mais encore une adreſſe, une intelligence & une énergie auxquelles je dois tous les encouragemens que le Public bénévole m'a donnés.

Nous diſions que la Muſique d'Egliſe ſe ſert des mêmes moyens que la Muſique dramatique. En effet, la même palette ſert au Compoſiteur dramatique & au Compoſiteur d'Egliſe. C'eſt avec les mêmes moyens; c'eſt avec le même pinceau que Raphaël peignit ſon magnifique tableau de l'Ecole d'Athenes & celui de la Transfiguration. Il ne s'eſt pas impoſé la loi de n'employer que telles couleurs dans le premier, & telles autres dans le ſecond ; il s'eſt ſeulement aſtreint à en différencier le ton : c'eſt ce que doit faire le Maître de Chapelle.

Qu'y auroit-il de plus impoſant que d'entendre le ſanctuaire du Très-Haut ne retentir que d'une Muſique grande & pathétique, qui rendit préſens les grands événemens que la Religion y retrace ? Eſt-ce l'Eternel, qui, au milieu du tonnerre & des éclairs, deſcend ſur le Mont Sinaï, pour y dicter ſes volontés au Légiſlateur des Hébreux ? Les Chrétiens adreſſent-ils des vœux à l'Etre ſuprême ? Cherchent-ils à pénétrer la voûte céleſte, pour faire parvenir juſqu'à ſon trône leurs ardentes prieres ? Rappellent-ils, dans leurs chants funebres, la mort du Meſſie ? Le Roi

Prophete publie-t-il la gloire du Créateur ? Retrace-t-il quelque événement fameux, consacré dans l'Histoire Sainte, comme l'instant mémorable où les Israélites, échappés du milieu d'un peuple ennemi, passent au milieu des flots qui se rangent à leur passage ? Pourquoi le Maître de Chapelle ne s'attacheroit-il pas alors à faire des tableaux ? Enfin, pourquoi ne lui seroit-il pas permis de ressembler à ces mêmes Israélites, qui, par l'ordre du Seigneur, emporterent, pour faire servir à son culte, les vases d'or dont les Egyptiens se servoient pour celui de leurs Divinités ? La Musique d'Eglise & la Musique dramatique se ressemblent donc : toute la différence qu'il y a, c'est que la Musique d'Eglise est une ſtatue coloſſale, dont les traits doivent être d'autant plus fortement prononcés, qu'elle eſt faite pour être vue de loin. C'eſt pour cela qu'elle ne peut être tranſportée au Concert, comme celle du Concert ne peut l'être à l'Egliſe; autrement l'une deviendroit cette ſtatue coloſſale, placée dans un petit appartement; & l'autre, une miniature, placée au milieu d'un temple.

Mais, dira-t-on, *chacun ſent à ſa maniere.* L'un peut faire, dans la Muſique d'Egliſe, une ſuite de tableaux qui ſe tiennent par le même ſujet; l'autre peut en faire qui rendront leur objet en particulier, mais qui ne tiendront pas enſemble par un ſujet général. Dans ce cas, un Villageois auroit raiſon de préférer le portrait ſans deſſein, mais fortement colorié de ſon biſaïeul, aux ſuperbes tableaux du célebre le Brun, à ſa Galerie de Verſailles, dont chaque ſujet particulier tient à un ſujet général. *Chacun ſent à ſa maniere.*

Ceci me rappele une réflexion de Métaſtaſe : *Les Arts*, dit-il, *ne doivent pas, pour vouloir trop imiter la Nature, s'en rendre eſclaves.* Effectivement, on aura manqué leur but, ſi, dans la Muſique, on rend des cris par des cris, & ſi, dans la Sculpture, on ſubſtitue la copie à l'imitation. C'eſt ce qui trompe le Villageois dont nous parlions, il n'y a qu'un inſtant. Montrez-lui un des chef-d'œuvres de Coypel, il le trouvera beau, vu qu'il y appercevra de la reſſemblance avec la nature, malgré qu'il n'en voie pas la beauté du deſſein. Mais, ajoutez à cette ſtatue une couleur de chair, forte & marquée ; donnez-lui des yeux de verre, elle aura beaucoup plus de mérite pour lui, après cette métamorphoſe.

Dans un cas pareil, le Sculpteur quitteroit les moyens propres à ſon art ; il copieroit la Nature, & ne l'imiteroit pas. Comme un Statuaire n'abandonnera jamais la couleur de ſon marbre pour le revêtir d'une couleur de chair, de même le Muſicien ne doit jamais quitter le ſon appréciable, pour y ſubſtituer des tons qui ne ſont plus que déclamatoires ou des cris ; parce que ces deux Arts (& principalement la Muſique) plaiſent par l'imitation ſeulement, & non par la copie, qui ne peut être que le moyen de la Peinture. Je dirai plus : ſouvent la Muſique ne fait qu'approcher de la Nature ; ſouvent elle ne nous fait éprouver par un ſens que des ſenſations ſemblables à celle qu'un autre a déja excitées en nous. Elle n'imite donc pas poſitivement ſon objet ; elle ne fait que réveiller en nous les ſenſations que fait éprouver cet objet : auſſi eſt-elle différente de la Peinture, en ce que les imitations, ou plutôt les copies de celle-ci ſe devinent auſſi-tôt, & que les imitations de la Muſique, pour être ſenties, ont beſoin que l'Auditeur ait fait préalablement une eſpece de raiſonnement.

Par exemple, ſi le Compoſiteur a voulu peindre le lever du Soleil, celui qui l'entendra ne dira pas ſur le champ, comme on le diroit d'un tableau : » Voilà le lever du Soleil »; il dira : » Je ſens, en entendant cette » Muſique, un calme, une fraîcheur, » une ſérénité ſemblable à celle que » j'ai reſſentie en voyant le matin » d'un beau jour. C'eſt donc l'Au- » rore ou le lever du Soleil que le » Muſicien a voulu peindre. Au lieu » de me faire voir l'objet, ce qui » lui eſt impoſſible, il réveille dans » mon ame les ſenſations que l'on » éprouve en voyant cet objet ».

C'eſt une des raiſons qui ont déterminé l'Artiſte à publier ſes intentions.

AVERTISSEMENT.

POUR l'intelligence du Motet, il est nécessaire de remettre sous les yeux, ce qui s'est passé immédiatement avant la résurrection.

Il y avoit près du Calvaire un jardin, dans lequel se trouvoit un Sépulcre nouvellement construit. Joseph d'Arimathie, après avoir embaumé le corps de Jesus, se hâta, dès le soir du Vendredi, de le déposer dans ce monument, qui étoit taillé dans le roc en forme de grotte voûtée, & qui n'avoit encore servi à personne.

Pour en fermer l'entrée, il y fit rouler une pierre d'une grosseur énorme.

Les Saintes Femmes, qui avoient eu soin

de remarquer l'endroit où l'on avoit déposé le corps de Jesus-Christ, s'en retournerent dans le dessein de venir joindre leurs parfums & leurs aromates à ceux de Joseph d'Arimathie, dès le matin du troisieme jour; &, pour cela, elles les préparerent dès le soir du Vendredi, pour n'avoir rien à faire le jour du Sabbat, selon que la loi de Moïse le leur ordonnoit.

Le lendemain de la mort du Rédempteur, qui étoit le jour du Sabbat, les Princes des Prêtres & les Pharisiens allerent trouver Pilate, pour lui faire ressouvenir que, Jesus ayant dit qu'il ressusciteroit le troisieme jour, il étoit nécessaire de mettre une nombreuse garde autour de son tombeau pour empêcher toute surprise, & obvier à ce que ses Disciples ne l'enlevassent & ne disent, après cela, au Peuple : « Il est ressuscité

» d'entre les morts ». *Pilate envoya, ſur le ſoir du Sabbat, une nombreuſe troupe de ſoldats, pour inveſtir le Sépulcre & y appoſer le ſceau de l'Empire.*

MOTET
POUR
LA VEILLE DE PÂQUE.

LA RÉSURRECTION.

PREMIERE PARTIE
DU MOTET.

L'OUVERTURE ne sera autre chose qu'une marche militaire, fiere & marquée, qui peindra l'arrivée de la troupe des gardes au Sépulcre, accompagnée des principaux de Jérusalem, qui viennent appofer le fceau de l'empire, pour en rendre l'entrée inacceffible : à quoi le Compofiteur ajoutera, en finiffant, quelques traits d'orcheftre, qui peignent le filence, la folitude & l'horreur des tombeaux. Cette ouverture, pour rendre le lointain d'où elle femble arriver, commencera d'abord par des fons indiftincts, peu-à-peu augmentera de bruit, & finira par fe rallentir.

Nota. Le Compofiteur, pour lui donner l'empreinte de la menace, a placé dans le fond de fon tableau un trait d'orcheftre ténébreux, caractériftique & foutenu, qui fe propage pendant tout le morceau; & le rhythme militaire de la marche, fe fait fentir fur le premier plan.

(1) CHŒUR.

(Chanté par les gardes, placés dans le veftibule du Sépulcre).

(a) Matth.

(a) *Recordati fumus, quia feductor ille dixit adhuc vivens : Poft tres dies refurgam.*

Traduction libre.

« Nous n'avons point
» oublié l'audace de cet
» impofteur, nous allons
» être témoins s'il peut
» s'élever triomphant de
» ce tombeau le troifieme
» jour, comme il a ofé
» l'avancer ».

(2) RÉCITATIF.

(a) *Vespere autem Sabbati quæ lucescit in prima Sabbati* (b). (a) Matth. (b) Marc.

RÉCIT.

« Marie Magdeleine, « Marie mere de Jacque, » & Salomé, achetent » d'avance des aromates » & se préparent à venir » visiter le tombeau du » maître qu'elles regret- » toient, de Jesus qu'elles » desirent embaumer. » Elles partent de Jérusa- » lem ; il étoit encore » nuit, & l'aurore devan- » çoit à peine l'astre du » jour, lorsqu'elles étoient » en chemin ».

Maria Magdalene & Maria Jacobi, & Salome emerunt aromata, ut venientes ungerent Jesum & valdè manè una Sabbatorum. (d) *Cùm adhuc tenebræ essent,* (b) *veniunt ad monumentum orto jam sole.* (c) *Portantes quæ paraverant aromata.* (d) Jean. (b) Marc. (c) Luc.

RÉCITATIF.

« Elles se disoient entre » elles : mais.... Cette » pierre énorme qui fer- » me l'entrée du monu- » ment, qui de nous ?...

Et dicebant ad invicem :

(3) TRIO dialogué.

(c) *Quis revolvet nobis*

lapidem ab ostio monumenti? . . .

» Qui pourra jamais la » renverser?

(4) CHŒUR.

(a) Matth.

(a) *Et ecce terræ-motus factus est magnus. Angelus Domini descendit de Cœlo, & accedens revolvit lapidem, & sedebat super eum.*

« Au même instant un » bruit sourd & terrible » se fait entendre : le » globe entier semble en » être ébranlé, l'Ange » du Seigneur fend les » campagnes de l'air, » s'approche du Sépul- » cre, brise le sceau de » l'empire, frappe la » pierre, la renverse & » s'assied dessus ».

Præ timore autem ejus exterriti sunt custodes & facti sunt velut mortui.

« Les soldats aussi-tôt » saisis d'épouvante, tom- » bent comme morts au » pied de l'envoyé du » Très-Haut.

Récit en dialogue.

(d) Joan.

(d) *Maria autem stabat ad monumentum foris plorans. Dùm ergo fleret, inclinavit se, & prospexit in monumentum, & vidit duos Angelos in albis, sedentes, unum ad caput*

« Marie, ayant de- » vancé ses compagnes, » s'approche la premiere » du Sépulcre. Elle n'y » trouve point son maî- » tre. . . Un torrent de » larmes à l'instant dé- » cele

» céle sa douleur. Elle » n'en croit cependant » point ses yeux, elle » regarde, puis regarde » encore dans la grotte » du monument, quand » tout-à-coup deux An- » ges éblouissans, placés » l'un à la tête, l'autre » au pied du tombeau, » frappent ses regards » étonnés ».

& unum ad pedes, ubi positum fuerat corpus Jesu.

(5) TRIO.

(Ils lui disent.)

« Pourquoi versez- » vous des pleurs ?
—— » Ils ont enlevé » mon maître, où le trou- » verai-je ? En quel lieu » l'ont-ils posé ?

(Dixit eis.)	*(Chœur chanté par les gardes en même-temps que le trio, & à part).*	*(Dicunt ei illi.*
Quia tulerunt Dominum meum, & nescio ubi posuerunt eum.	Dixit : post tres dies resurgam.	Mulier, quid ploras ?

(Les gardes se réveillant, disent en tremblant, & à part).

« O surprise ! ô terreur ! » il est ressuscité !

SECONDE PARTIE DU MOTET.

RÉCITATIF.

Hæc cùm dixiſſet, converſa eſt retrorſùm. (d) *Surgens autem Jeſus, apparuit Mariæ Magdalenæ, & vidit Jeſum ſtantem, & neſciebat quia Jeſus eſt.*

d) Joan.

« Comme Madeleine diſoit ceci, elle » tourne ſes pas vers le » jardin. Au moment où » elle y entre, Jeſus lui » apparoît, & elle le » voit ſans le recon» noître ».

(1) DUO.

(Dixit ei Jeſus).

d) Joan.

(d) *Mulier. . . . . quid ploras? Quem quæris?*

(*Jeſus lui dit*).

« Pourquoi pleurez-vous? » Qui cherchez-vous?

(Illa exiſtimans quia hortulanus eſſet, dicit ei).

Domine, ſi tu ſuſtuliſti eum, dicito mihi

(*le prenant pour le maître du jardin, elle lui dit*).

« Si vous l'avez en» levé, dites-moi donc,

» ah ! dites-moi, où vous » l'avez posé, dites-moi » où je pourrai le trou- » ver ».

ubi posuisti eum, & ego eum tollam.

(*Alors Jesus prenant le ton de voix qui étoit connu de Marie, lui dit*) :

(Dixit ei Jesus) :

« Marie. . .

Maria. . .

(*A ce mot, elle se retourne & se précipitant à ses pieds, elle lui dit, avec les transports de la joie la plus vive*).

(Conversa illa dicit ei).

« Ah ! mon maître ! » mon cher maître ! quoi ! » j'ai revu encore mon » Seigneur, mon Dieu.

(d) *Rabboni. . . Rabboni. . . Rabboni. . . Vidi Dominum.*

(d) Joa

(*Comme elle embrassoit ses pieds & qu'elle ne les quittoit point, Jesus lui dit*) :

(Dicit ei Jesus) :

« Laissez mes pieds, » vous aurez le temps » de revoir votre Ré- » dempteur. Je ne suis » point encore remonté » vers mon Pere. Allez » annoncer à mes Freres, » que je vais aller vers

(d) *Noli me tangere, nondùm ascendi ad Patrem meum : vade autem ad Fratres meos, & dic eis : ascendo ad Patrem meum, & Patrem vestrum, Deum meum & Deum vestrum.*

(d) Joa

» mon Pere, qui est votre
» Pere, vers mon Dieu,
» qui est votre Dieu ».

(Dixit ei Jesus).	*(Illa dicit ei)*
Noli me tangere, nondùm ascendi ad Patrem meum : vade ad Fratres meos, & dic eis : ascendo ad Patrem meum.	Rabboni.... Rabboni .... Vidi Dominum, vidi Dominum meum.

TROISIEME PARTIE DU MOTET.

RÉCITATIF.

» CEPENDANT les » autres femmes, consternées de n'avoir point » trouvé le corps de » Jesus, étoient rentrées » dans le vestibule du » Sépulcre : tout-à-coup » elles virent paroître » auprès d'elles deux » hommes, dont les vêtemens rendoient un » éclat très-vif. Elles furent saisies de crainte ; » &, comme la frayeur » leur faisoit baisser les » yeux vers la terre, un » de ces envoyés célestes, leur dit, au nom » des deux » :

(1) *Et factum est, dum mente consternatæ essent mulieres de isto, ecce duo viri steterunt secùs illas in veste fulgenti ; cum timerent autem, & declinarent vultum in terram, dixerunt Angeli ad illas :*

(2) AIR.

(a) Matth. (a) *Nolite timere vos,*
(b) Macr. (b) *nolite expavescere : Jesum quæritis Nazarenum crucifixum. Quid quæritis viventem cum mortuis ?*
(a) Matth. (a) *Non est hîc : surrexit enim sicut dixit. Nolite, &c.*

» Ne craignez rien, » vous cherchez Jesus de » Nazareth qui a été cru- » cifié. Pourquoi cher- » cher parmi les tom- » beaux, celui qui vient » d'en franchir la bar- » riere ? Il n'est point ici. » Il est ressuscité.

(3) CHŒUR.

(*Ici le peuple Saint s'abandonne à tous les transports de sa joie*).

Surrexit enim sicut
(a) Matth. *dixit ;* (a) *ecce quidam de custodibus venerunt in civitatem & nuntiaverunt principibus Sacerdotum, omnia quæ facta fuerant. Regina Cœli, lætare, quia quem meruisti portare, resurrexit sicut dixit, ora pro nobis Deum, alleluia...*
(a) Matth. (a) *Surrexit sicut dixit surrexit, surrexit.*

« Il est ressuscité com- » me il l'avoit promis. » Ses plus grandes enne- » mis eux-mêmes, les » gardes que la haine » la plus déterminée » avoit placés auprès de » son tombeau, pour en » rendre l'entrée inacces- » sible & empêcher toute » surprise, sont les pre- » miers qui en portent » la nouvelle à Jérusa- » lem, & qui font aux » Princes des Prêtres le récit de toutes les cir-

» constances qui ont accompagné le prodige de
» cette résurrection. O toi, vers qui s'empresse
» aujourd'hui la Cour céleste, Souveraine des
» Cieux, réjouis-toi : c'est aujourd'hui le jour
» de ton triomphe ; c'est aujourd'hui, que celui
» qu'ont porté tes entrailles, a brisé les portes
» du trépas. Adresse-lui nos vœux, que notre
» encens par toi monte jusqu'à son trône. Ré-
» jouissons-nous . . . . il est ressuscité. . . . il est
» ressuscité. . . ».

FIN DU MOTÊT.

REMARQUES SUR LA PREMIERE PARTIE DU MOTET.

Page 30. *NOUS n'avons point oublié l'audace de cet imposteur....*

(1) CE Chœur de situation débutera par un trait sombre, destiné à peindre l'espece d'effroi dont les soldats ne peuvent d'abord se défendre; ensuite, il se dégradera sur un autre trait, qui aura le caractere de la menace, qui se rallume graduellement parmi eux; & tout-à-coup précipitant son rhythme, il prendra la teinte de l'audace la plus effrénée.

Page 31. *Marie-Magdeleine, Marie, mere de Jacque....*

(2) Rien de particulier sur ce récitatif,

ni ſur le récit qui ſuit, ſi ce n'eſt que le Compoſiteur s'eſt attaché à réveiller l'idée des ténebres de la nuit, lorſqu'il arrive au *Cum adhuc tenebræ, &c.* & à peindre le lever du Soleil à l'*Orto jam Sole.* Il a cependant eſſayé de donner à ce morceau une teinte générale de ſenſibilité.

Mais cette pierre énorme qui ferme l'entrée du Monument.... Page 31.

(3) Ce *Trio* de ſituation peindra l'inquiétude. « L'inquiétude friſſonne ſouvent; ſa » démarche eſt incertaine & vacillante; elle » héſite, elle s'arrête, comme pour exami- » ner; elle avance, & tout-à-coup elle » s'enfuit précipitamment; elle porte l'em- » preinte de l'attention; elle écoute le bruit » le plus léger; &, à chaque ſon nouveau » qu'elle entend, elle treſſaille ou recule » en frémiſſant » (*a*).

L'Artiſte croira ſuivre tous ces mouve-

(*a*) M. de la Cepede, Poétique de la M.

mens, en s'y prenant de cette maniére: son Orchestre exprimera le frissonnement par des sons rapides, qui se taisent & recommencent souvent, en laissant entr'eux des intervalles sensibles.

Il a aussi fait tous ses efforts pour que l'effet de ce morceau influât sur le suivant.

Page 32. *Au même instant, un bruit sourd & terrible se fait entendre....*

(4) La Musique, dans ce Chœur de description, tâche de donner l'idée d'un grand tremblement de terre, qui se fait subitement; &, pour cela, un bruit sourd & inattendu, destiné à trancher fortement sur tout ce qui précede, se fait entendre par gradation sur la note finale du *Trio*.

Ce même bruit continue dans le fond du tableau, tandis que sur le premier plan, les premiers Violons & les Basses font entendre l'*unisson* le plus imposant que l'Artiste ait pu trouver. Son intention a été que ce trait semblât ébranler tout le corps d'harmonie. Enfin, quand le Compoſiteur, par les Fanfares des Trompettes & de tous les Inſtrumens à vent réunis, après le *Revolvit lapidem*, a ajouté à cet endroit du tableau tout ce qu'il a pu trouver de frappant; cette commotion d'orcheſtre ceſſe tout-à-coup pour faire place à une harmonie plus douce, plus tranquille, & aſcendante en même-temps, deſtinée à préſenter l'Image du Rédempteur, qui s'éleve triomphant de ſon tombeau.

Après cela, le Compoſiteur faiſant partir bruſquement & ſans ritournelle l'*Allegro* du Chœur ſur les paroles *Præ timore*, *&c.* tâche de peindre, par des traits rapides & multipliés dans les Inſtrumens aigus, par un déſordre continu dans les Inſtrumens graves, par des plaintes réitérées dans les Baſſons, la foudre que les gardes apperçoivent dans les yeux de l'Ange, qui en laiſſe échapper des éclairs vifs & répétés; & la crainte, la terreur qui s'empare d'eux. Enſuite tout ce groupe de Muſique va ſe fondre dans des tons ſourds & contenus, pour donner l'image du *Facti sunt velut mortui ;* « ils resterent comme morts ».

C'est dans ce morceau que le Musicien a eu besoin de toutes les ressources de l'harmonie. C'est sur-tout à l'endroit du tremblement de terre que sa mélodie n'a pu tirer sa puissance que de cette harmonie, qu'un Ecrivain célebre a semblé cependant vouloir rabaisser, lorsqu'il dit, dans un endroit de son Dictionnaire de Musique, que si elle étoit dans la nature, les Grecs, dont les organes étoient plus sensibles que les nôtres, l'auroient trouvée avant nous, vu qu'ils ont perfectionné presque tous les Arts. Seroit-il permis de répondre que les Anciens, qui avoient trouvé les bas-reliefs, n'avoient cependant pas trouvé l'art de la perspective ? Nous l'avons trouvé. Seroit-il permis de répondre que ces Anciens qui avoient trouvé le secret de graver sur le marbre & sur le bronze leurs loix & leurs inscriptions, n'avoient pas trouvé cependant celui de graver sur le cuivre leurs plus excellentes peintures, quoique l'un dût indiquer l'autre? Mais cette découverte étoit réservée aux Modernes & au temps du renouvellement des Arts; par la raison qui découle de celle-ci, ces mêmes Anciens ont trouvé la mélodie, & n'ont cependant pas découvert l'harmonie, quoique l'une dût indiquer l'autre; cette heureuse découverte étoit aussi réservée aux siecles postérieurs, où les Arts ont semblé naître de nouveau.

Si l'on objecte que ce même Philosophe a semblé quelquefois douter de la vérité de notre harmonie, vu qu'une corde sonore n'a jamais donné, outre le son principal, que son octave, sa douzieme & sa dix-septieme, & qu'elle n'a jamais indiqué les dissonnances; ne peut-on pas objecter, à son tour, que la Nature ne peut pas nous donner une piece de Musique toute faite, selon les regles de l'Art; c'est bien assez qu'elle nous en indique la source, en produisant l'accord parfait. D'ailleurs, si l'on en croit un homme de beaucoup d'esprit, dont il vient de paroître un Traité d'Harmonie, traduit de l'Italien, les dissonnances mêmes ſont, en quelque ſorte, fondées ſur la Nature, par les émotions qu'elle nous cauſe.

» *L'on aime à être ému, dit cet auteur, le* » *fût-on avec une légere douleur* ».

Combien d'autres Arts, qui ne ſont pas auſſi fondés ſur elle ? Qu'on la conſulte, elle ne dira point qu'il faut rimer pour faire des vers françois ; qu'il faut des émiſtiches au milieu des grands vers ; qu'il faut tel ou tel nombre de ſyllabes pour remplir ces vers ; qu'il faut des dactiles, des ſpondées, des trochées, &c. pour faire des vers grecs ou latins. C'eſt bien aſſez qu'elle nous diſe que ce bel ordre de ſyllabes produit en nous des ſenſations agréables. Et, dans ce cas, combien notre harmonie n'en produit-elle point ?

Que l'on prenne un homme dans la nature brute, un habitant de nos hameaux, par exemple, & qu'on lui faſſe entendre une piece brillante de notre Muſique, ne le voyez-vous pas transporté? ne lui voyez-vous pas l'oreille attentive, la bouche béante, l'attitude contrainte pendant l'exécution entiere de ce morceau. Si on le finit, il *finira* par s'écrier : *Oh! que c'est beau!* Pénétrez au fond de son ame dans ce moment, y démêlez-vous en même-temps, & le chagrin de ne le plus entendre, & le desir ardent qu'on le recommence? Au lieu de le lui faire entendre une seconde fois, essayez d'exécuter une Musique toute à l'unisson; elle n'est plus pour lui qu'une chose commune & peu intéressante : vous le voyez se refroidir; son attention, il n'y a qu'un instant, captivée toute entiere, se partage; ses sens, qui, tous sembloient être arrêtés dans son oreille, rentrent maintenant dans leur ordre ordinaire; d'autres objets attirent ses yeux; il n'écoute plus.

Ce n'est pas que l'*unisson* des anciens soit à rejetter; nous avons, au contraire, beaucoup gagné dans la derniere révolution de la Musique, de le marier avec notre systême moderne. Il produit, par fois, les effets les plus frappans. L'Artiſte y a eu recours dans l'*Ecce terræ motus factus eſt magnus* ; ce qui lui auroit été impoſſible de faire avec le petit concours d'Exécutans qu'il y avoit autrefois à N. D. ; car il eſt démontré que vouloir peindre avec de la Muſique ſans ſymphonie, ce ſeroit vouloir copier avec une ſeule couleur, & une couleur très-pâle, les tableaux du *Titien* ou de *Rubens*. Il exiſte la même différence entre une Muſique à orcheſtre & une autre dénuée de cet avantage, qu'il y a entre un beau tableau & ſon eſtampe.]

J. J. n'auroit-il pas publié ſon doute ſur l'harmonie, pour laquelle il étoit paſſionné, dans l'intention d'aiguillonner quelques gens de génie, & de les exciter à éclaircir ce doute, en les forçant d'ajouter aux preuves qu'on a données juſqu'ici à notre ſyſtême d'harmonie? Cela ſeroit à ſouhaiter ; &, dans ce cas, il auroit eu raiſon : mais il y a apparence que nous attendrons long-temps après ces preuves. D'ailleurs, quand le raiſonnement ne nous donneroit

que

que de très-foibles preuves qu'elle existe dans la Nature, le sentiment qui ne se trompe point nous le prouve assez. Eh! que nous importe le reste, saisissons toujours cette précieuse découverte. Puisque le sentiment nous sert de preuve, laissons au hasard la découverte de la preuve de ce sentiment, & quand il l'aura trouvée, notre harmonie sera encore la même.

Marie, ayant dévancé ses compagnes, s'approche la premiere du sépulcre.... Page 32.

(5) Si les Connoisseurs trouvent dans ce dialogue de description le caractere qui lui convient; s'ils y reconnoissent le ton de Magdeleine, qui, déja alarmée de n'avoir point trouvé le Corps de Jesus, augmente encore sa douleur par le souvenir touchant des préceptes pleins de douceurs que lui dictoit son divin Maître; s'ils y entendent une mélodie plaintive & attendrissante; s'ils y découvrent des contrastes, des demi-teintes, des clairs obscurs; s'ils y voient

que le Compositeur s'est efforcé d'y faire graduer le sentiment, & de ne le suspendre souvent que pour tirer avantage de cette suspension, son objet sera rempli. On pourra y remarquer que l'Artiste a eu l'intention de prendre une maniere dont nous n'avons d'abord reçu les leçons que dans l'Ecole Allemande & Italienne.

Ce n'est pas qu'il veuille ici déprimer l'ancienne Musique Françoise. *Marot* & *Montaigne* nous ont dit d'aussi bonnes choses dans un vieux style, que *Boileau* & *la Bruyere* dans le leur. Il en est de même de la Musique : *Lulli*, *Rameau*, *Mondonville*, ont eu d'aussi bonnes intentions que les *Glucks*, les *Piccini*, les *Sacchini*, les *Grétry*, les *Gossec*, &c. La seule différence est dans la tournure du langage, jointe à de plus grands moyens de peindre. Ce n'est pas non plus que le Compositeur veuille se comparer à ces Maîtres célebres; il se croit encore trop éloigné de la route qu'ils ont tenue pour arriver au sanctuaire que leur a élevé leur génie créateur.

Pourquoi versez-vous des pleurs ?... Page 31

(6) L'Artiste s'efforce ici de montrer qu'il s'est souvenu que la premiere tâche du Compositeur, pour émouvoir les assistans, est d'être ému lui-même. *Imagines rerum quisquis bene conceperit, is de affectibus potentissimus.* Quintilien avoit bien senti que celui qui est touché intérieurement, a dans ses tons, je ne sais quoi de pathétique; au lieu que celui qui ne le seroit pas & qui voudroit paroître l'être, auroit je ne sais quoi de glacé dans ses exclamations, qui décéleroit sa fausseté.

... Si vis me flere, dolendum est
Primùm ipsi tibi.

« Si vous voulez m'arracher des larmes, » dit Horace, commencez par en verser » vous-même ».

Ceci est applicable non-seulement au Compositeur, mais aux Chanteurs qui exécutent sa Musique; & il faut leur rendre cette justice, qu'ils se sont toujours souvenus que des aſſiſtans ſe préviendroient facilement contre un exécutant qui, par les paroles de ſon air, ſembleroit dire : *Je ſuis ému ;* & qui, par ſon ton, diroit le contraire. Que devroit-on penſer effectivement d'un Chanteur, qui, n'ayant que de l'art, voudroit nous faire éprouver des ſenſations qu'il n'éprouveroit pas lui-même. Ne ſeroit-ce pas-là le cas d'aſſurer *qu'il ne dit pas ce qu'il penſe?* mais on n'a pas ce reproche à faire à ceux qui ont rendu les ouvrages du Maître de Chapelle de Notre-Dame ; ils ont prouvé, au contraire, qu'ils ſe ſouvenoient de ce que dit Quintillien, lorſqu'il nous apprend que les Chanteurs célebres de ſon temps avoient encore les yeux mouillés, même quand ils avoient fini de rendre quelques morceaux pathétiques. *Vidi ego ſæpe cantores, cum ex aliquo graviore actu perſonam depoſuiſſet, flentes adhuc egredi.*

La Muſique, par la magie de ſes effets, peut peindre tout en quelque ſorte, par exemple, les ténebres d'une nuit muette, l'éclat d'un jour ſerein, le fracas horrible d'une tempête, le calme heureux qui la ſuit, l'horreur d'une priſon ſouterreine, la fraîcheur d'un bois ſombre. Comme elle peut faire entrer, ſans contrainte, dans le cours de ſes airs, les *élevés*, les *baiſſés*, les *précipités*, les *retenues*, les ſilences même de la déclamation, elle peut donner l'idée de toutes les ſituations. Mais, ce qui eſt ſur-tout de ſon reſſort, ce ſont les ſentimens qui ont le plus d'intimité avec le cœur humain; auſſi eſt-ce dans ce *trio* que l'Artiſte s'eſt efforcé d'en démêler toutes les nuances, de ſuppléer même à ce que les paroles ne diſent point.

Il s'eſt ſouvenu que les Peintres habiles deſſinent leur figures ſur un fond qui les fait reſſortir, & leur donne encore plus de prix. Si le Fils de l'Homme, par exemple, dicte au Peuple attentif les préceptes de ſa morale ſublime, quel effet ne produira point l'orgueil abaiſſé des Phariſiens, que l'on verra dans le fond du tableau, tandis que la noble ſimplicité du Rédempteur paroîtra ſur le premier plan ? C'eſt pour cela que le Compoſiteur a deſſiné ce *trio* ſur un chœur ſourd & *à parte*, où les gardes, à peine revenus de leur crainte, & couverts de confuſion, s'avouent entr'eux le triomphe de celui dont la gloire vient de les atterrer, & que, l'inſtant d'auparavant, ils oſoient nommer ſéducteur.

REMARQUES SUR LA SECONDE PARTIE DU MOTET.

Pourquoi pleurez-vous? Si vous l'avez enlevé, &c. Page 36.

(1) A la premiere interrogation du Sauveur, le Musicien tâche de ne faire entendre qu'une Musique douce & tranquille, destinée à peindre le calme avec lequel le Rédempteur est censé parler en ce moment, & de rendre la réponse de Magdeleine par des accens plus vifs. Peu-à-peu, il s'efforce de donner à sa mesure, à son rhythme, un autre caractere que celui de l'interrogation, en ne faisant sortir de l'Orchestre sanglottant, que des traits agités, plaintifs & entre-coupés.

Quand Jesus prononce *Maria*, l'Artiste a l'intention de donner à la Musique un caractere majestueux, en faisant taire tous les instrumens. Magdeleine, qui reconnoît alors son Maître, son Dieu, s'écrie, avec transport : *Rabboni !* & tout l'Orchestre rentre précipitamment, pour marquer la surprise extrême de Marie. Sur les autres *Rabboni*, le Musicien veut donner à son chant la teinte de l'empressement & du ravissement de Magdeleine, tandis que Jesus conserve toujours son ton de noblesse & de bonté, en lui disant : *Allez à mes Disciples, & dites-leur que je suis ressuscité.*

(*NB.*) L'Artiste ici, en faisant parler le Rédempteur, n'a pas employé la voix de B. T., comme on l'a toujours fait dans les passions en Musique ; mais celle de H. C. par les raisons qui suivent. Le Fils de Dieu, pour établir sa loi divine, n'a point eu recours à la persécution ni à la force des armes, puisqu'il s'est sacrifié lui-même. Son caractere a toujours été aussi doux que sa morale pure & élevée, qu'il enseignoit encore plus par son exemple que par ses préceptes. C'est cette douceur & cette souveraine bonté, qui attiroient sur ſes pas une foule de peuple empreſſé. C'eſt cette énergique ſimplicité qui faiſoit goûter ſes leçons, où l'amour des ſiens brilloit autant que ſa ſublime ſageſſe. C'eſt cette grace touchante, qui répandoit ſur ſes inſtructions le charme qui faiſoit rechercher ſes maximes élevées, ſes diſcours où l'on reconnoiſſoit des vérités ſi grandes, ſi frappantes, qu'il étoit impoſſible de les entendre & ne point s'avouer le cœur meilleur qu'auparavant. C'eſt pour emprunter la couleur convenable à ce caractere, que l'Artiſte a cru devoir mettre dans la bouche d'une H. C. ce que le Rédempteur, dans ce duo, dit à Magdeleine. Il a cru ne devoir point employer la baſſe-taille, comme on s'en eſt ſervi ſouvent en faiſant parler le Sauveur, vu qu'il s'eſt ſouvenu que lorſqu'un Compoſiteur, qui ſait garder les convenances, fait parler un Roi puiſſant, un Monarque redouté, un tyran ſurtout; il ſe ſert de la B. T. dont le caractere noble & marqué eſt le plus propre à réveiller l'idée de ces perſonnages.

Ce n'eſt pas qu'en employant la voix de H. C., il ne ſe ſoit efforcé de lui prêter des inflexions où l'on puiſſe reconnoître autant de nobleſſe que de bonté. Il a tâché même que le ton du Rédempteur différât tellement de celui de Marie, qu'elle ſemble ne vouloir prolonger les inſtans où elle eſt avec ſon Dieu, que pour reſſentir plus long-temps le charme d'être accablée sous les rayons qui partent de son front majestueux.

Comme le Compositeur ne marche encore qu'en tremblant dans le sentier que ce nouveau projet lui a frayé, n'aura-t-il pas raison de demander ici à M. de la Cépede, si c'est-là l'idée qu'on peut se former de la Musique d'Eglise, pour laquelle malheureusement l'émulation, en France, n'a jamais été aussi grande que pour la Musique dramatique. Effectivement, plusieurs maîtres de Chapelle ont eu besoin d'être tourmentés par leur génie, pour parvenir au point où ils sont arrivés, & produire des ouvrages où ils ont su joindre une maniere vigoureuse de faire, à des intentions toujours bien remplies. Témoins plusieurs Motets, & sur-tout le *Deus noster*, dont M. l'Abbé d'Haudimont a lieu de se glorifier. Témoins plusieurs belles pieces de MM. Mathieu & le Preux.

Le Compositeur oublieroit-il ici M. *Giroult*, dont le *Super flumina* & plusieurs superbes Motets lui ont acquis sa juste réputation, & ont montré, dans ce Compositeur distingué, autant d'art que de génie? Oublieroit-il M. *Dugué*, dont *l'In exitu*, le *Laudate Dominum*, le *Regina Cœli*, *l'In convertendo*, &c., prouvent que ce Compositeur possede parfaitement son art? Rien ne l'empêchera jamais de leur rendre justice. Il n'a aucuns motifs d'être aussi économe de louange à leur égard, qu'ils le sont envers lui.

Suam cuique laudem semper tribuit securitas, nunquam timoris anxietas (1).

Puisque la Musique d'Eglise, dira-t-on, n'a pas été encouragée; qu'on s'est contenté des ouvrages de plusieurs maîtres, où l'on ne cherchoit point à découvrir un caractere propre à chaque fête, pourquoi, dira-t-on encore, ne pas marcher sur la même voie & ne pas attendre, pour se frayer une nouvelle route, que les maîtres célebres, que ceux qui portent la lumiere dans les arts, que ceux enfin, à qui il appartenoit d'ouvrir cette carriere, l'eussent indiquée? Mais ne peut-on pas répondre, qu'il n'est jamais déplacé de ne point ressembler à celui qui, différant de bien vivre, faisoit comme ce Villageois dont parle Horace, qui, ayant trouvé un fleuve sur son passage, attendoit bonnement de le voir écouler pour passer au-delà?

...Vivendi qui rectè prorogat horam;
Rusticus expectat dùm defluat amnis; at ille
Labitur, & labetur in omne volubilis ævum.

---

(1) Fragm. Sen.

REMARQUES SUR LA TROISIEME PARTIE DU MOTET.

Page 37. *Cependant, les autres femmes consternées ...*

(1) LE Compositeur ne s'est point arrêté sur ce morceau ; il s'est ressouvenu que, dans les Arts, tout ne doit point être également soigné ; *nolo nimiùm, bellè & festivè*, a dit Ciceron. En étudiant les tableaux des grands Peintres, l'Artiste a cru y appercevoir que, souvent ils se permettoient des négligences adroites dans de certaines parties, pour rendre les autres plus saillantes ; qu'ils laissoient même des fautes que désavouoient les principes des Arts, mais que ne désavouoit pas cependant ce qui per-

fectionne les Arts; *le goût.* Il s'est rappellé d'avoir lu dans Séneque, que le génie peut avoir ses négligences : *Multa donanda ingeniis puto, sed donanda vitia, non portenta.* Il a cru ce même Séneque, lorsqu'il lui a appris, dans un autre endroit, qu'il y a un point fixe dans tous les Arts, qu'il est aussi mauvais d'excéder que de ne point atteindre. Ciceron va plus loin; il prétend même, qu'il vaut mieux ne le point atteindre que de l'excéder : *Et si suus cuique rei modus est, tamen magis ostendit nimium, quam parum.* Effectivement, si une piece de Musique est toujours brillante; si le Compositeur n'abandonne jamais la trompette qu'il aura d'abord embouchée; s'il prétend ne mettre aucune interruption dans les sensations qu'il veut faire éprouver aux assistans; s'il ne met point de temps en temps des repos; s'il ne place point des ombres, & des endroits plus effacés pour donner plus de relief à ceux sur lesquels il s'efforce de fixer l'attention, bientôt l'Auditeur se refroidit, se fatigue; bientôt, par trop d'intérêt, il n'eſt plus intéreſſé; bientôt il n'écoute plus.

C'eſt donc pour cela qu'il eſt prudent d'écouter les conſeils judicieux du même Ciceron, lorſqu'il nous apprend qu'une négligence même peut être pleine de grace: *Negligentia quædam diligens.* C'eſt pour cela qu'une Muſique, où l'on aura pu s'en tenir à ce principe, pourra avoir plus de ſuccès qu'une autre où l'on ne l'aura point obſervé. Elle reſſemblera, dit encore Ciceron, à ces perſonnes dont l'aménité répand autour d'elles tant de graces que, même ſans atours, elles ſont plus ſûres de plaire que d'autres revêtues des plus riches, des plus ſomptueux habillemens. Ce n'eſt pas que le Compoſiteur prétende avoir rempli les vues de Ciceron; mais, du moins, il a fait tous ſes efforts pour ſe conformer à ſes principes.

Page 38. *Ne craignez rien, vous cherchez Jeſus...*

(2) Le Compoſiteur s'eſt attaché à donner à ce morceau la couleur tendre qui lui

convient. Il n'a point consulté les regles théoriques, mais ces regles du sentiment, ces regles que l'on puise dans le seul instinct de la Nature, qui donne la vie à tous les beaux Arts. Il a tâché de se souvenir que la Musique sans chant n'est plus de la Musique, comme la Poésie sans rhythme & sans harmonie, n'est plus de la Poésie; il a tâché de se souvenir que la Musique chantante ne semble, comme la Poésie harmonieuse, s'éloigner de la Nature que pour en tirer de plus grands moyens d'imitations. L'Artiste, pour donner à ce morceau le ton mélancholique que les paroles requerrent, a fait dialoguer son chant avec le cor, dont il a choisi les cordes qui réveillent le plus le ton de sensibilité convenable au personnage.

Un homme de beaucoup d'esprit a eu raison de définir le chant, *l'art de faire servir le plaisir de l'oreille à l'interêt du cœur.* Effectivement, plusieurs personnes ont eu tort de prétendre que le cœur ne pouvoit entrer pour rien dans le plaisir de l'oreille ; on pourroit leur répondre (avec l'Auteur que je cite), « que ce qui » plaît à l'oreille, est plus près du cœur » que ce qui la blesse ; & c'est dans les » arts une vérité de sentiment qui ne se » prouve pas. Ces deux sensations ne sont » pas en concurrence, elles n'en forment » qu'une seule. Une comparaison rendra » cela plus sensible. Otez le rhythme, l'har- » monie, la rime, même des tirades de » Racine, mettez-les en prose, feront-elles » le même effet ? auront-elles la même » expression ? Mais, dira-t-on, il y a des » morceaux de prose aussi touchans que » les tirades de Racine. Loin de conclure » contre notre sentiment, cela sert de » preuve. Ces morceaux touchent par un » art très-analogue à celui de la Poésie, » quelquefois par les mêmes moyens, » employés sous un autre forme : l'har- » monie du style, par exemple, n'a-t-elle » pas d'ordinaire la plus grande part à » leur effet ? Le rhythme, la cadence, » l'harmonie, la rime même, entrent donc

» pour

» pour quelque chofe dans le pouvoir de » la Poéfie fur le cœur ? Des chofes faites » directement pour l'oreille, vont donc au » cœur ? Il me femble que, fi cela eft vrai » en Poéfie & en Profe, cela l'eft *à fortiori* » en Mufique, où l'oreille eft le feul organe » qui reçoive les impreffions de l'art, im- » médiatement & fans partage, le feul » auquel elle foit directement deftinée ».

Il eft reffufcité comme il l'avoit promis....

(3) L'intention du Compofiteur a été, que tous les morceaux du Motet vinffent fe peindre & fe réfléchir dans ce dernier Chœur. Pour lui donner le caractere de la gaieté la plus vive, il a cru devoir y introduire le *Regina Cœli, lætare*, dont le plain-chant eft le plus propre à réveiller l'idée d'un peuple immenfe qui s'abandonne à tous les tranfports de fa joie.

Il s'eft efforcé, dans ce Motet, d'obferver la gradation particuliere de chaque morceau, en même-temps que la gradation générale de la piece. Son intention a été, que les Airs, les *Duo*, *Trio*, *Récitatifs* & *Chœurs*, fuſſent tellement fondus dans un enſemble Muſical, qu'ils tendiſſent à former l'unité de ſujet, l'unité de ſtyle, l'unité de convenance.

Si les Chabanons, les la Cépede, & ceux qui, comme eux, ſentent la Poétique de la Muſique, y voient que le Compoſiteur a eu l'intention que tous les grouppes particuliers fiſſent d'abord reſſortir ce qui les entoure, & finiſſent par former un grouppe total; s'ils y découvrent qu'il a eu le deſſein de faire graduer les ſenſations des aſſiſtans, juſqu'au moment où la Muſique arrive au centre; s'ils y découvrent qu'il a voulu que les Auditeurs apperçuſſent, de ce point central, toutes les parties de l'ouvrage, qui ſe réuniront alors pour leur faire éprouver à-la-fois, les différens mouvemens qu'elles leur auront fait ſentir en détail, il aura rempli ſon objet.

Fin des Remarques du Motet.

PLAN

DE LA MUSIQUE

Exécutée à la Messe du jour de Pâques.

OBJET UNIQUE DE CETTE MUSIQUE.

RESURREXIT.

IL EST RESSUSCITÉ.

OUVERTURE.

PENDANT que le Pontife s'avance vers le Sanctuaire du Saint des Saints, l'ouverture débute par faire entendre le plain-chant de l'Antienne Paſchale, *Hæc dies quam fecit Dominus, exultemus & lætemur in eâ.* « Il » eſt enfin arrivé ce grand jour, que le » Seigneur a fait ; réjouiſſons-nous, livrons- » nous aux tranſports de la plus vive allé- » greſſe ». Quand la Muſique arrive à l'*Exaltemus*, l'Orcheſtre, changeant tout-à-coup de rhythme, prend un motif beaucoup plus gai.

Le Muſicien a eu le deſſein de donner l'image de l'Univers, qui ſemble, au temps paſchal, reſſuſciter avec ſon Créateur, pour applaudir à ſa gloire & à ſon triomphe. A cet effet, l'Orcheſtre, par l'organe des ſeconds Violons & Altos, produit alors des traits coulés, onduleux & un peu ſourds, deſtinés à imiter ces eaux, qui, arrêtées pendant les rigueurs de la ſaiſon précédente, ſemblent aujourd'hui ſortir de leur priſon, ou plutôt de leur tombeau, & reprendre un doux murmure, pour rendre leur tribut d'hommage à la Réſurrection de leur Auteur. Dans un autre coin du tableau, les Flûtes, par un rhythme cadencé, ſont deſtinées à ſuggérer l'idée du cantique des habitans des airs, qui, muets pendant l'hiver, répondent maintenant au murmure de ces eaux, & rendent auſſi leur tribut d'hommage au Créateur.

En un mot, le Compoſiteur s'eſt étudié à emprunter une harmonie douce, ſans diſſonnance, ſemée, au contraire, d'accords parfaits en tenue, & dans le plein de chaque Inſtrument. Par cette teinte générale jettée ſur ſon tableau, il veut réveiller l'idée de la renaiſſance d'un jour, où toute la Nature ſemble faire entendre une harmonie plus belle, plus pleine, plus majeſtueuſe, d'un jour enfin où la main de l'Eternel ſemble avoir écrit dans tous les endroits de l'Univers : *Le Fils de l'Homme eſt reſſuſcité.*

PREMIERE PARTIE.

DESCRIPTION DE LA RÉSURRECTION.

1°. *Circonſtances qui ont précédé immédiatement l'accompliſſement de la Réſurrection.*

L'OUVERTURE va ſe fondre ſur le plain-chant de ces paroles de l'Ecriture : *Penetrabo omnes partes inferiores terræ ; & inſpiciam omnes dormientes, & illuminabo omnes ſperantes in Domino.* « Je m'ouvrirai un » chemin dans le ſein de la terre, & en » pénétrerai les endroits les plus profonds. » J'y viſiterai les juſtes qui ſommeillent dans » le repos du Seigneur ; j'y viſiterai ceux » qui, ſur lui, ont fondé tout leur eſpoir, » & les éveillerai en les frappant des rayons » de la lumiere céleſte ».

L'intention du Compoſiteur a été de peindre la deſcente du Rédempteur dans le lieu que la tradition avoit appellé *les Limbes.* Sur la fin de ce plain-chant, on a fait entrer les premiers *Kyrie*, dont la Muſique douce & entre-coupée eſt deſtinée à peindre le treſſaillement de ces juſtes, à la vue du Rédempteur qui vient les délivrer.

PREMIERS *KYRIE.*

CHŒUR.

Quoi! c'eſt vous, Seigneur!	*Kyrie, eleiſon,*
Ah! daignez, daignez nous délivrer!	*Kyrie, eleiſon,*
Ayez pitié de nous, daignez nous délivrer.	*Kyrie, eleiſon.*

DUO.

Chriſt, ayez pitié de nous,	*Chriſte, eleiſon,*
Ayez pitié de nous,	*Chriſte, eleiſon,*
Ayez pitié de nous.	*Chriſte, eleiſon.*

Sur les derniers *Kyrie*, l'Artiſte a compoſé une fugue, dont le deſſein eſt pris ſur la premiere partie du plain-chant adapté, par l'Eglise, au Répons qui finit le troisieme Nocturne des ténebres du Vendredi-Saint. En voici les paroles : *Christus, novi testamenti mediator, initiavit nobis viam novam & viventem, per velamen, id est carnem suam, in Introitum Sanctorum.*

On s'est attaché à ce que l'épisode de cette fugue fût un chant propre à faire sentir la joie des justes qui sortent alors des Limbes avec le Rédempteur.

Quand le Musicien est arrivé à la derniere reprise de son dessin, il fait entendre dans les basses chantantes, tout le plain-chant du Répons qu'il vient de citer; & le chant épisodique qui s'est fait sentir en particulier dans chaque modulation, est entendu alors dans les voix supérieures pendant ce même plain-chant.

L'intention a été, que les Justes semblassent dire alors :

CHŒUR.

Kyrie, eleison,	« Seigneur, ayez pitié « de nous .... Quoi ! » le Rédempteur nous

» ouvre une nouvelle » route où nous allons » retrouver les sour- » ces de la vie ; quoi ! » sa clémence nous fait » quitter ces lieux, » pour nous introduire » dans le Sanctuaire des » Saints. Nous allons » donc entrer dans ce » séjour où regne un » plein midi ; nous allons » contempler face à face » ce Soleil vivant, d'où » part une lumiere éter- » nelle. Etre des Etres ! » quel bienfait ! .... » Quel sujet de recon- « noissance ! ...

Kyrie, eleison,

Kyrie, eleison.

2°. *Accomplissement de la Résurrection.*

Il faut remarquer ici qu'on a appellé *les Vêpres* l'Office de la Veille, vu que, dans les premiers siecles de l'Eglise, les Chrétiens, pour prier, s'assembloient dans le lieu Saint à l'entrée de la nuit qui précédoit la fête. Comme la portion des Fideles qui alloient à cet Office ne pouvoient se trouver à celui du matin suivant, l'Eglise faisoit revivre le lendemain les mêmes Prieres que la veille; ou du moins l'objet de ces Prieres étoit à-peu-près semblable. C'est la même chose maintenant, si ce n'est que les heures sont changées. C'est pour cela que le Musicien n'ayant que le même objet à peindre, est forcé de faire ici une seconde description de la Résurrection.

A cet effet, par l'organe de l'Orchestre, il rappelle une partie du *Trio* des saintes Femmes qui, le troisieme jour, partirent de grand matin de Jérusalem, pour venir embaumer le Corps de J. C. —— Ce *Trio*, qui a été entendu dans le Motet de la veille, est le *Quis revolvet nobis lapidem ab ostio Monumenti* « Mais cette pierre énorme, » qui ferme l'entrée du Monument, qui » de nous?.... qui pourra jamais la ren- » verser »? La peinture du tremblement de terre, au moment de la Résurrection, se retrace ensuite, ainsi que la crainte & la terreur des Gardes qui investissoient le Tombeau.

3°. *Circonstances qui suivent l'événement de la Résurrection.*

Ce tableau fini, les Patriarches, les Prophêtes & les Justes de l'ancien Testament, qui, sortis des Limbes, font invisiblement le cortége du Rédempteur, au moment précis de sa Résurrection, chantent :

Traduction libre.

« Gloire à Dieu au » plus Haut des Cieux ; » & sur la terre paix aux » hommes de bonne » volonté. Nous vous » louons, nous vous bénissons.

» Grand Dieu ! quelles louanges, quels » hommages, quelles » adorations ne vous de» vons-nous pas ?

» Quelles actions de » graces te rendrons-nous » à cause de ta grande » gloire, ô Souverain » des Cieux ! ô Pere » Tout-Puissant !

SOLO ET CHŒUR.

Gloria in excelsis Deo ; & in terra pax hominibus bonæ voluntatis.

Laudamus te, benedicimus te.

DUO.

Adoramus te. Glorificamus te. Laudamus te, laudamus te. Glorificamus te, glorificamus te.

Adoramus te. Gratias agimus tibi, propter magnam gloriam tuam, Domine Deus, rex cœlestis, Deus, Pater omnipotens.

Nota. Comme le Sauveur va faire ſes apparitions, l'Artiſte, pendant le Chœur des Juſtes, fait entendre dans le fond de ſon tableau, le plain-chant de la Proſe : *Surrexit Chriſtus ſpes mea, præcedet ſuos in Galilaam.* « Celui qui eſt tout nôtre » eſpoir, celui qui nous ſauve aujourd'hui, va » au devant des ſiens dans la Galilée ». Puiſſent les connoiſſeurs trouver, ſur le premier plan, un chant ſuave, aërien, pittoreſque! le Muſicien ſera plus que récompenſé de ſes longues veilles. Il tâche d'introduire dans le *Duo* qui ſuit, les accens déclamatoires propres à ces mêmes perſonnages.

Repriſe du Chœur.

On ſe ſouviendra que la premiere apparition du Rédempteur a eu lieu en faveur de Marie Magdeleine. C'eſt pour cela que l'Artiſte fait revivre cet endroit du *Duo* de la veille, où elle s'entretient avec lui. Le Baſſon rappelle d'abord le chant de *Mulier quid ploras? Quem quæris?* « Pourquoi » verſez-vous des pleurs? Qui cherchez-vous? » Ce à quoi la Clarinette répond, par le chant » de *Si tu ſuſtituliſti eum, dicito mihi ubi poſuiſti* » *eum* ». Si vous l'avez enlevé, dites-moi donc, ah! dites-moi où vous l'avez poſé. Le Baſſon reprend enſuite le chant qui a été deſtiné la veille à peindre le moment où Jeſus, prenant un ſon de voix, qui étoit connu de Magdeleine, lui dit : *Maria*. . . Ce fut alors, dit l'Historien Sacré, qu'elle s'écria. . . *Rabboni* ! . . « Ah! mon Maître. . . » Mon cher Maître! . . . »

C'est pour peindre cette situation énergique, où Magdeleine semble, à travers son ravissement, demander au Rédempteur pardon de sa méprise, que le Musicien lui fait dire l'air suivant :

AIR.

O vous qui êtes le Fils du Très-Haut, vous qui êtes l'Agneau de Dieu, la douceur par excellence, vous enfin, qui avez racheté, au prix de votre sang, tout le genre humain, ah! mon Maître! mon cher Maître! daignez écouter ma priere, ah! daignez pardonner à mon erreur.

Domine, Fili unigenite, Jesu Christe, Domine Deus, Agnus Dei, qui tollis peccata mundi, miserere nobis, qui tollis peccata mundi, miserere nobis, qui tollis peccata mundi, suscipe deprecationem nostram.

Nota. Puisse-t-on, dans ce morceau, reconnoître non-seulement le ravissement de Magdeleine, mais encore les accens pathétiques qui conviennent à sa situation touchante! Puisse-t-on la voir agitée, transportée d'un sentiment qu'elle éprouve, mais qu'elle ne peut plus exprimer! puisse-t-on la voir s'interrompre, s'arrêter, faire des réticences, tandis qu'un Orcheſtre, plus agité encore, parle pour elle ! Si on n'y apperçoit pas que le Compoſiteur ait atteint ſon but, puiſſe-t-on y voir du moins que tel devoit être ſon objet : il ſe croira encore flatté de cette eſpece de ſuffrage, s'il eſt donné par cette claſſe de connoiſſeurs qui ſavent tout appercevoir, qui ſavent découvrir juſqu'aux linéamens des beaux arts.

On reprendra le Chœur Aërien des Juſtes, accompagnant toujours inviſiblement J. C., qui vient de diſparoître de devant Magdeleine pour aller faire d'autres apparitions. Et le *Surrexit Chriſtus, ſpes mea, præcedet ſuos in Galilæam*, ſe fait toujours ſentir dans le fond du tableau.

Gloria in excelſis Deo, &c.	Gloire à Dieu, au plus Haut des Cieux, &c.

Il faut ſe rappeller que le Rédempteur fit d'abord pluſieurs apparitions à ſes Apôtres. Comme Thomas ne s'y étoit point trouvé, il ne crut point le rapport qu'on lui en fit, & dit hautement qu'il n'ajouteroit foi à la Réſurrection de J. C., que lorſqu'il auroit touché ſes plaies. Dans un autre moment, les Apôtres & les Diſciples ſe raſſemblerent dans un même lieu, &

Thomas s'y trouva, quand le Sauveur parut au milieu d'eux.

L'Orcheſtre, pour donner l'idée de cette apparition, fait entendre un *uniſſon* impoſant ſur le plain-chant de l'Antienne qu'on chante après le *Magnificat* du jour de Pâques : *Cum ſerò eſſet die illo & fores eſſent clauſæ, ubi erant Diſcipuli congregati ; venit Jeſus, & ſtetit in medio, & dixit eis : Pax vobis.* « Dès le ſoir du troiſieme jour, tous les Diſciples s'étoient » réunis dans le même endroit dont les portes » étoient fermées ; & cependant le Rédemp» teur arrive, il paroît, il ſe tient au » milieu de l'Aſſemblée, & leur dit : *Que la » paix ſoit avec vous* ». Pour réveiller enſuite l'idée de ce que Jeſus dit à Thomas, l'Orcheſtre fait entendre le plain-chant de l'Antienne du *Benedictus*, qu'on chante dans l'Office de S. Thomas. *Vide manus meas, & affer manum tuam, & mitte in latus meum, & noli eſſe incredulus.* « Voyez mes » mains ; poſez les vôtres dans les plaies » de mon côté, & ne ſoyez point incrédule.

Quoique ce ſoit une eſpece d'anachroniſme, vu que l'apparition où étoit S. Thomas ne s'eſt faite que huit jours après celle dont il eſt queſtion à l'Antienne du *Magnificat* du jour de Pâques, l'Artiſte a cru pouvoir ſe le permettre, parce que, dans les Arts, le rapprochement des événemens eſt permis, quand il ne déroge pas à la vraiſemblance. Sur le plain-chant du *Vide manus meas, &c.* on fait entendre, par l'organe d'une Clarinette, le prélude qui annonce la réponſe de Thomas, qui, reconnoiſſant ſon Maître, s'écrie avec autant d'énergie que Magdeleine :

AIR.

Qui ſedes ad dexteram Patris, miſerere nobis. Quoniam tu ſolus ſanctus. Tu ſolus DOMINUS. *Tu ſolus Altiſſimus, Jeſu Chriſte.*	« O vous qui tenez la » droite du Pere, par- » donnez-moi ſi j'ai été » incrédule; oui, Seigneur, » vous êtes le ſeul Saint, » le ſeul Très-Haut.

Sur la note finale de ce morceau, toute l'Aſſemblée des Diſciples s'écrie avec la plus grande exploſion :

CHŒUR.

Quoniam tu ſolus ſanc-	« Oui, vous êtes le ſeul

» ſeul Sauveur du monde, » le ſeul Saint, le ſeul » Seigneur, le ſeul Très- » Haut, ainſi que le Saint- » Eſprit. Ainſi ſoit-il.

tus, tu ſolus Dominus. tu ſolus Altiſſimus, Jeſu Chriſte, cum ſancto Spiritu in gloria Dei Patris. Amen.

Le Compoſiteur reprend le *Solo* & le Chœur aërien des Juſtes, qu'on entendra dans un grand éloignement, pour peindre la diſparition de J. C.

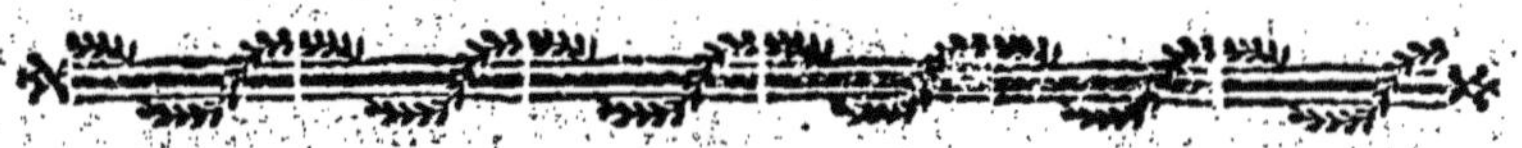

SECONDE PARTIE DE LA MESSE.

PROFESSION DE FOI DES CHRÉTIENS *SUR LA RÉSURRECTION.*

(*Nota.*) AVANT de commencer le *Credo*, il est bon de remarquer qu'un Auteur Sacré * a dit ce qui suit :

* S. Paul, 1. Cor.

Quòd si Christus non resurrexit, vana est fides vestra....

Miserabiliores sumus omnibus hominibus.

Nunc autem Christus resurrexit à mortuis.

Si J. C. n'est pas ressuscité, la Religion Chrétienne n'est qu'un tissu de mensonges ; & nous sommes les plus misérables des hommes d'y ajouter foi. Mais J. C. est ressuscité d'entre les morts.

La Musique, en peignant les paroles

qui retracent les événemens qui ont précédé & ſuivi la Réſurrection, en a offert la preuve dans le Motet de la veille & dans le *Gloria in excelſis* du jour.

D'après cela, le Muſicien rappelle un des traits ſaillans du *Surrexit*, qui a fini le Motet de la veille; à quoi le Peuple Chrétien ſemble répondre par l'organe d'une Haute-Contre, jointe à une Baſſe-Taille: « Puiſqu'il eſt reſſuſcité, il n'y a rien d'in» croyable dans notre Religion; donc :

« Je crois en Dieu le » Pere Tout-Puiſſant, » qui a créé le Ciel & » la Terre, les choſes » viſibles & inviſibles. » Je crois en un ſeul » Seigneur, en un ſeul » J. C., Fils unique de » Dieu, & né du Pere » avant tous les ſiecles ».

Credo in unum Deum, Patrem omnipotentem, factorem cœli & terræ, viſibilium omnium & inviſibilium. Et in unum Dominum Jeſum Chriſtum, Filium Dei unigenitum, & ex Patre natum ante omnia ſæcula.

(*Nota.*) Sur le *Patrem*, Muſique pleine & marquée. Sur l'*Et in unum*, Muſique plus animée. Après ce morceau, l'Orcheſtre reprend le même trait du *Surrexit*, qu'on a entendu dans le Motet de la veille; à quoi le Peuple répond par l'organe d'une H. C., « Puiſqu'il eſt reſſuſcité,

Deum de Deo, Lumen de Lumine, Deum verum de Deo vero. Genitum non factum, consubstantialem Patri, per quem omnia facta sunt.

« Je crois en ce Dieu » de Dieu, Lumiere de » Lumiere, vrai Dieu de » vrai Dieu, qui n'a pas » étéfait, mais engendré, » consubstantiel au Pere; » par qui tout a été fait.

Qui propter nos homines & propter nostram salutem, descendit de cœlis.

» Je crois en J. C., » qui est descendu des » Cieux pour nous sau- » ver ».

(*Nota.*) L'Orchestre reprend le même *Surrexit*, à qui le peuple répond, « Puisqu'il est ressuscité,

RÉCITATIF.

Et incarnatus est de Spiritu Sancto, ex Mariâ Virgine; & Homo factus est.

« Je crois en J.C., qui s'est » incarné dans le sein de » la Vierge Marie, par » l'opération du Saint- » Esprit & qui s'est fait » Homme.

CHŒUR SOURD.

(Sur la premiere partie du chant du *Stabat.*)

Crucifixus etiam pro nobis.

« Je crois en J. C., » qui a été crucifié pour » nous ».

SOLO.

(L'Orchestre répete la Musique qu'on a entendue au commencement du Chœur, *Surrexit* du Motet de la veille. Ce *Solo* interrompt le Chœur précédent.)

« Il est ressuscité le » troisieme jour ».

Resurrexit tertiâ die.

CHŒUR SOURD.

(Composé sur la seconde partie du plain-chant du *Stabat.*

« Il a été crucifié sous » Ponce Pilate ».

Crucifixus sub Pontio Pilato.

SOLO.

(L'Orchestre fait entendre la même Musique que la seconde entrée du Chœur, *Surrexit*, de la veille. Ce *Solo* interrompt le Chœur précédent.)

« Il est ressuscité selon » les Saintes écritures ».

Resurrexit tertiâ die, secundùm Scripturas.

CHŒUR SOURD.

(Sur la troisieme partie du chant du *Stabat.*)

« Il a souffert & a été » enséveli ».

Passus & sepultus est.

DUO.

(L'Orcheſtre fait entendre la même Muſique que la troiſieme entrée du Chœur, *Surrexit*, du Motet de la veille.)

Reſurrexit, reſurrexit.

« Il eſt reſſuſcité, il eſt » reſſuſcité ».

CHŒUR.

(Où l'on entend le chant entier du *Stabat.*)

Crucifixus etiam pro nobis ſub Pontio Pilato, paſſus & ſepultus eſt.

« Il a été crucifié pour » nous ſous Ponce-Pilate, il a ſouffert & a » été enſéveli ».

CHŒUR.

(La Muſique eſt la même que celle du Chœur, *Surrexit*, que l'on a entendue dans le Motet de la veille.)

Ce Chœur eſt d'abord entendu ſur le précédent, qui ſe tait, enſuite pour ne laiſſer entendre que celui-ci.)

Reſurrexit tertiâ die, ſecundùm Scripturas, & aſcendit in Cœlum, ſedet

« Il eſt reſſuſcité le » troiſieme jour, ſelon les » Saintes Ecritures, il eſt

» monté au Ciel, où il » est assis à la droite du » Pere ».

ad dexteram Patris.

(*Nota.*) C'est ici où le souvenir des souffrances de J. C. s'évanouit par le Chœur *Resurrexit*, destiné à être rendu avec les transports de joie les plus vifs & les plus marqués.

(*Nota.*) C'est comme si la Musique disoit : » Il est vrai qu'il a été crucifié, mais il est ressus- » cité. Il est vrai qu'il a souffert, mais il est res- » suscité. Enfin, il est vrai qu'il a été enfermé dans » un tombeau, mais il est ressuscité.

CHŒUR.

« Puisqu'il est ressusci- » té, je crois qu'il vien- » dra de nouveau plein » de gloire & de majesté, » juger les vivans & les » morts. »

Et iterum venturus est cum gloriâ judicare vivos & mortuos.

(*Nota.*) Courte peinture musicale du boule- versement qui arrivera au Jugement dernier ; ce bruit fait bientôt place à un chant plus suave, & qui semble dire *Nolite timere ;* il sert de prélude au *Cujus regni.*

AIR.

« Je crois que son regne » n'aura point de fin.

Cujus regni non erit finis.

(*Nota.*) La Musique de ce morceau est la même que celle qui a été adaptée au *Nolite timere vos* du Motet de la veille. Il faut remarquer que, dans le milieu de ce morceau, un récitatif de Hautbois rappellera le même récitatif que l'on a entendu dans le *Nolite timere vos.* Les paroles de ce récitatif sont : *Surrexit enim sicut dixit ;* il est ressuscité comme il l'avoit dit. Le Musicien s'est servi de ces moyens pour ne pas déroger à son principe.

CHŒUR.

(La Musique est prise dans le trait le plus saillant du *Resurrexit*, que l'on a entendu il y a un instant.)

Resurrexit, resurrexit.

« Il est ressuscité, il est » ressuscité ; donc je crois » au Saint-Esprit qui est » aussi Seigneur, qui » anime tous les mem- » bres de l'Eglise ; qui » procede du Pere & du » Fils ; qui est adoré avec » le Pere & le Fils ; qui » a parlé par les Prophe- » tes ».

DUO.

Et in Spiritum sanctum Dominum & vivificantem ; qui ex Patre Filioque procedit ; qui cum Patre & Filio simul adoratur & conglorificatur ; qui locutus est per Prophetas.

CHŒUR.

« J.C. est *ressuscité*; donc » je crois à l'Eglise qui est » Une, Sainte, Catholi- » que & Apostolique. Je » reconnois qu'il y a un » Baptême pour la rémis- » sion des péchés ».

Resurrexit, resurrexit.

AIR.

Et unam sanctam Catholicam & Apostolicam Ecclesiam. Confiteor unum Baptisma in remissionem peccatorum.

CHŒUR.

Il est *ressuscité, il est ressuscité* :

Resurrexit, resurrexit.

« Donc j'espere & je » crois fermement, que » cet Homme-Dieu, qui » triomphe aujourd'hui » de la mort, nous en fera » triompher aussi un » jour. J'espere & je » crois que nous vivrons » éternellement avec lui. » Ainsi soit-il ».

Et expecto resurrectionem mortuorum, & vitam venturi sæculi. Amen.

CHŒUR.

« Il est ressuscité, il » est ressuscité ».

Resurrexit, resurrexit.

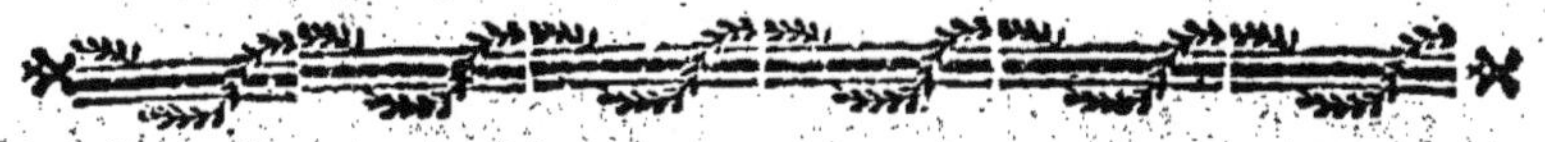

TROISIEME PARTIE

DE LA MESSE.

UNE marche sourde & mystérieuse sera destinée à peindre la foule du Peuple Chrétien, qui est censée s'avancer en tremblant au pied du Sanctuaire, pour y adorer le Saint des Saints.... Mais déja l'approche de l'Elévation courbe le Peuple saint autour du Tabernacle. Le prêtre, revêtu du signe imposant de la Religion, va élever un pain mystérieux. Un Dieu, fidele à son traité, va descendre sur l'Autel sacré.

(*Nota.*) D'abord, dans les momens qui précedent l'Elévation, l'Orchestre, par ses jours & ses ombres, par ses contrastes, par ses différens effets, que l'on tâchera de ménager avec art, peindra l'arrivée du Très-Haut, précédé du Tonnerre, & porté sur l'aile des Vents; la chûte de ses ennemis expirans, & tombant de toutes parts, sous sa foudre brûlante ; les monts fondus à son aspect ; le tressaillement de la Terre étonnée. (Le Musicien rappelle ici l'*Ecce Terræ motus* du Motet de la veille). (1) Peu-à-peu l'Orchestre diminuant de bruit, ralentira son mouvement ; &, par une combinaison de sons plus doux, plus soutenus, par des chants plus onduleux, plus frais ; par des accompagnemens éclaircis, qui contrasteront avec la marche rapide & nébuleuse qu'ils avoient l'instant d'auparavant, qui, enfin, sont destinés à faire une opposition pittoresque, avec le fracas dont on a dû être frappé ; cet Orchestre peindra alors la descente majestueuse du Tout-Puissant, qui remplit le Temple de sa gloire.

Ensuite la Musique, par un chant facile, par celui du *Victimæ Paschali laudes immolent Christiani*, (que les Chrétiens rendent leur tribut d'hommage à la Victime Paschale.) Forçant le Peuple adorateur à un contentement involontaire, à une joie douce, à une certaine sérénité dans l'ame, montrera que ce n'est point un Dieu terrible armé des traits de la vengeance, mais le Dieu de toute bonté, mais le Dieu consolateur, mais le Dieu qui vient visiter ses enfans.

---

(1) La partie Vocale, pendant ce temps, chantera *Sanctus Dominus Deus Sabaoth. Pleni sunt Cœli & Terra gloriâ tuâ.*

L'Artiste s'étant efforcé alors de disposer le Peuple Chrétien aux sentimens de respect & de reconnoissance, fait entendre, au milieu des accompagnemens, les plus religieux qu'il lui a été possible de trouver,

O salutaris Hostia!
Quæ cœli pandis ostium;
Bella premunt hostilia;
Da robur, fer auxilium.

« O victime de salut » qui nous ouvrez les » portes du Ciel! vous » voyez les ennemis re- » doutables qui nous en- » tourent; daignez, ah! » daignez vous armer » pour notre défense.

La Musique rappelle le *Scimus Christum surrexisse à mortuis verè* de la Prose, après quoi on entend l'*Agnus Dei*, *&c.*

Dans le *Domine salvum*, &c. le Compositeur se sert du chant de l'*O Filii*, dans le fond du tableau, & il tâche de faire entendre un Chœur supplicatoire sur le premier plan.

PLAN
DE LA MUSIQUE
DU
MAGNIFICAT,

Exécutée aux secondes Vêpres du jour de Pâque.

JOIE DE L'ÉGLISE
SUR LA RÉSURRECTION.

LE Musicien tâche de faire sentir cette joie de l'Eglise dans tous les endroits du *Magnificat*, & cela, pour se conformer toujours à ce grand principe, que nous rappelle aussi S. Augustin, lorsqu'il dit que l'unité est la véritable forme du beau en tout genre (1) : *Omnis porro pulchritudinis forma unitas est.*

Dans l'ouverture, on a voulu réveiller l'idée de la plus grande joie; on l'a fait dégrader sur un trait fort & marqué, composé sur le plain-chant de cet endroit de la Prose : *Victimæ Paschali, &c.... Scimus Christum surrexisse à mortuis verè....* Nous sommes certains que J. C. est véritablement ressuscité.

(*C'est l'Eglise qui parle*):

RÉCITATIF *animé.*	*Traduction libre.*
Magnificat anima mea Dominum.	Avec quels accens pourrai-je assez dignement chanter la gloire de mon Seigneur?
AIR.	
Et exultavit spiritus meus in Deo salutari meo.	Quels accords assez sublimes pourront expri-

(1) Ep. 18,

mer la joie que je ressens ? Mon Sauveur, aujourd'hui, s'est élevé triomphant de son Tombeau.

TOUS.

Et exultavit spiritus meus in Deo, &c.

Nota. Après que l'Orchestre, sur la fin de l'ouverture, a rappellé avec fermeté la résurrection du Sauveur, l'Eglise personnifiée semble, après ce trait caractéristique, n'avoir point d'expression pour exprimer sa vive reconnoissance.

Pour faire reconnoître ses accens, aussi tendres que joyeux, le Musicien a composé l'*Et exultavit, &c.*, sur le plain-chant, d'*O Filii & Filiæ ;*

Rex Cœlestis, Rex Gloriæ,
Morte surrexit hodie.

Réjouissez-vous tous, le Souverain des Cieux, le Roi de gloire est ressuscité d'entre les morts.

« O Nations futures ! » de quel étonnement » n'allez-vous pas être » frappées ! par combien » de louanges n'allez-» vous point publier ma » gloire ! quand vous » saurez que le Maître » de l'Univers a daigné » non-seulement m'as-

AIR.

Quia respexit humilitatem ancillæ suæ : ecce enim ex hoc beatam me dicent omnes generationes.

» ſocier au triomphe de
» ſa Réſurrection, mais
» encore me nommer
» ſon Epouſe.

Quia fecit mihi magna qui potens eſt.

» Combien de prodiges apperçois-je s'opérer pour moi dans les ſiecles à venir.

CHŒUR.

Et exultavit ſpiritus meus in Deo ſalutari meo.

Quels accords aſſez ſublimes pourront exprimer la joie que je reſſens ! Mon Sauveur aujourd'hui s'eſt élevé triomphant de ſon Tombeau.

RÉCITATIF.

Et ſanctum nomen ejus. Et miſericordia ejus à progenie in progenies timentibus eum.

Être des Êtres ! quelle gloire pour ton nom ! Oui, j'entrevois la miſéricorde ſe répandre de génération en génération, ſur les mortels qui ſe réfugieront dans mon ſein.

Nota. La Muſique au *Quia reſpexit*, n'exprimera que des tranſports de joie. A cet effet, la partie du Chœur coupera tellement ſes phraſes d'une maniere ſymétrique, qu'elle aura la démarche de la joie la plus vive. Le Compoſiteur a taché d'emprunter un mêtre propre à jetter ſur tout le tableau une

une couleur fraîche, jeune, si l'on peut ainsi s'exprimer. Ainsi l'Orchestre, pour concourir avec le chant de maniere à parfaire ce tableau, parlera sur-tout par l'organe des instrumens aigus, dont les notes extrêmement détachées, seront propres à rendre l'idée du Musicien. Toutes les fois que le chant arrivera au *Quia fecit mihi magna* : « Combien » de prodiges apperçois-je s'opérer pour moi dans » les siecles à venir » ? la Musique, par l'éloignement de sa modulation, prendra un caractere mystérieux, propre à réveiller l'idée du ton Prophétique convenable à ces paroles; après quoi, le Chœur reprendra pour refrain l'*Exultavit*, toujours sur le chant Paschal, d'*O Filii & Filiæ*, &c

Au *Sanctum nomen ejus*, *& misericordia ejus à progenie in progenies*, &c., le Musicien, pour peindre le plus grand mystere de la Religion Chrétienne, que l'Eglise désigne alors, fait revivre la Musique de l'élévation, autrement de l'*O salutaris Hostia*. On se ressouviendra qu'il a déja eu l'intention à la Messe de lui donner un caractere religieux, propre à inspirer un certain respect muet, & en même-temps, les sentimens d'une reconnoissance qui n'a plus d'expression, à la vue de la bonté infinie du Très-Haut qui, par suite de sa résurrection, doit encore descendre sur ses Autels, jusqu'à la fin des siecles. Ce qui est désigné par l'*Et misericordia ejus*, *&c.*

Allegro du même Chœur.

Fecit potentiam in brachio suo; dispersit superbos mente cordis sui.

Deposuit potentes de sede, & exaltavit humiles.

« C'est ton bras redoutable qui confond » en ce jour l'orgueil » de la synagogue. C'est » par la force de ce même » bras que je terrasserai mes ennemis avec » le même éclat qui a » atterré la garde du Sépulcre, Et c'est sur les » ruines de ces mêmes « ennemis frémissans, » que le triomphe de » la Résurrection glorieuse élevera la nombreuse troupe de mes » enfans. C'est le même » bras invincible, & » toujours armé pour » moi, qui dissipera, » comme une ombre légere, les richesses de » celui qui n'espere point » en ton nom.

RÉCITATIF.

Esurientes implevit bonis, & divites dimisit inanes.

» Enfin, c'est toi qui » tiens dans tes mains » les jours du riche, & » qui fais couler ceux du » pauvre dans des torrens de joie ».

Nota. Le Compositeur, dans ce Chœur, dessine son tableau de cette maniere : il fera revivre le motif entier de l'*Exterriti sunt custodes & facti sunt vetut mortui*, qu'on aura entendu dans le Motet de la veille, pendant lequel les instrumens graves, tels que les Bassons, descendans au grave de leur diapason, laisseront entendre par intervalle, des plaintes sourdes, des accens de terreur, des tons contenus, qui réveilleront l'idée de la frayeur des gardes. Sur cette partie de l'Orchestre accentuée d'une maniere douloureuse, les Voix, au contraire, accentuées d'une maniere forte & prononcée, frapperont les oreilles par des chants âpres, foudroyans, &c. ; après quoi, l'Orchestre se dégradera sur un trait plus ténébreux, pour faire sentir le *Deposuit potentes de sede.* A la fin de ce tableau, s'élevera un chant de deux Hautbois, excorté des accompagnemens convenables & qui rappelleront l'*Et misericordia*, qu'on aura entendu l'instant d'auparavant. L'Orchestre se taira tout-à-coup, pour laisser entendre une voix, qui, chantant en Récitatif, *Esurientes implevit bonis*, semblera dire que cette miséricorde, rappellée par le Hautbois, sera spécialement répandue su le pauvre.

Reprises des mêmes accens de Hautbois. Tout l'Orchestre rentrant précipitamment après ce trait, fera revivre le motif du *Deposuit potentes.* Ce motif ſe taira, pour laiſſer entendre la même voix qui, chantant en Recitatif : *Et dimiſit inanes*, ſemblera dire que cet anathême n'eſt lancé que contre la dureté du mauvais riche. Repriſe du même motif effrayant du *Depoſuit potentes*. . .

D U O.

Suſcepit Iſraël puerum ſuum, recordatus miſericordiæ ſuæ.

Sicut locutus eſt ad Patres noſtros, Abraham & Semini ejus in ſæcula.

. . ., Sicut locutus eſt.

Suſcepit puerum ſuum;

Sicut locutus eſt. . . .

Recordatus miſericordiæ ſuæ.

Sicut locutus eſt. . . .

Sicut locutus eſt. . .

« Le Très-Haut s'eſt » reſſouvenu d'Iſraël, » ſon enfant ; il s'eſt » reſſouvenu de ſa mi- » ſéricorde, comme il » l'avoit annoncé à nos » Peres, à Abraham & » à toute ſa Poſtérité. » Oui, le Très-Haut ne » ſe dément point ; ſon » oracle eſt accompli ; » il s'eſt reſſouvenu d'Iſ- » raël ; il s'eſt reſſouve- » nu de ſa miſéricorde. » Il l'avoit promis, il » l'avoit promis....

C H Œ U R.

Et exultavit ſpiritus meus in Deo ſalutari meo.

» Quels accords aſſez » ſublimes pourront ex- » primer la joie que je » reſſens ! Mon Sauveur » aujourd'hui s'eſt éle- » vé triomphant de ſon » Tombeau.

Nota. L'Artiste, dans le *Suscepit Israel puerum...* prendra un rhythme tranquille, destiné à jetter sur le tableau une teinte douce, tendre, &c., & tâchera de produire une mélodie analogue aux sentimens que l'Eglise cherche à inspirer.

Le Musicien interrompra tout-à-coup son morceau, pour faire place à un long silence, que terminera un *unisson* d'Orchestre très-sourd & imposant en même-temps. Son intention a été, que ce bruit semblât dire : « *Peuple, observe un pro-* » *fond silence ;* la Prophétie de la résurrection va » se retracer ». A cet *unisson*, succédera un autre silence ; après quoi le Musicien, par le choix de ses couleurs, de sa mesure, de ses instrumens, tels que les Trombons, tâchera de donner un caractere antique à ses accompagnemens graves & majestueux. Il les fera entendre sourdement, & en même-temps que la partie Vocale dira, sur un son permanent : *Sicut locutus est ad Patres nostros, Abraham & Semini ejus in sæcula ;* c'est à une exécution très-*pianissimo* à faire entendre cet oracle sacré, comme perdu dans la nuit des temps. Quand ce trait, qu'on apperçoit à peine dans le fond du tableau, s'est totalement effacé dans un grand éloignement, les deux premiers personnages, se livrant à toutes les émotions de joie, que leur inspire l'accomplissement de cet Oracle Saint dans la résurrection, s'écrient tout-à-coup avec transport, sur un motif où l'on entrevoit une lueur du *Resurrexit* de la Messe. « C'est donc aujour-» d'hui que l'Eternel s'est ressouvenu de ses antiques » promesses. Oui, c'est en ce jour qu'elles s'ac-» complissent ».

Gloria Patri, & Filio, & Spiritui Sancto; Sicut erat in principio, & nunc, & semper, & in sæcula sæculorum. Amen.	Gloire au Pere, au Fils & au Saint-Esprit; comme ils l'ont reçue dès l'origine du monde; comme ils la reçoivent en ce grand jour : gloire qui se perpétuera à jamais, & dans tous les siecles des siecles. Ainsi soit-il.

Nota. On a eu l'intention de faire toujours entendre le ton Paschal dans ce morceau, en y faisant entrer en dialogue, le chant *du Regina Cœli*, &c., qui a été introduit sur d'autres motifs dans le chœur *Surrexit*, qui termine le Motet de la veille. Le Compositeur, dans le *Gloria Patri* dont il est question, n'emprunte ce chant Paschal, qu'au moment où la Musique arrive au *Gloria Filio*, de maniere que par le rapprochement du *Regina Cœli* avec ce *Gloria Filio*, elle semblera dire : « Reine des Cieux, quels momens d'allégresse pour » toi ! c'est aujourd'hui que ton Fils manifeste son » triomphe & que tu jouis de sa propre gloire ».

L'artiſte, pour laiſſer emporter par les aſſiſtans, le ſouvenir de la ſolemnité, donne abſolument ſon dernier coup de pinceau, en ſe permettant de terminer toute la Muſique par l'exploſion inattendue du ſeul mot, *Reſurrexit.*

F I N.

P. S. J'ai dit, à la page 8, que perſonne ne ſe vanteroit de m'avoir prêté ſa plume pour ce foible Eſſai. Comme je viens d'entendre, encore tout récemment, pluſieurs voix s'élever, & prétendre qu'on ne doit pas m'attribuer cet Ouvrage, je le répete : Non, perſonne ne pourra dire qu'il m'a prêté ſa plume.

Si j'ai des ennemis, à coup sûr, on ne ſoupçonnera pas que ce ſoit eux. Je me flatte d'avoir quelques amis : j'en appelle à un grand nombre d'entre eux, qui m'ont vu eux-mêmes compoſer & écrire cet Eſſai, & qui m'ont permis de les nommer, ſi je me trouvois jamais obligé d'en venir à la preuve. Ainſi, ſoit qu'il ait quelque mérite aux yeux du Public, ſoit qu'il n'obtienne aucun ſuccès, j'aurai ſeul l'avantage ou la honte d'en être l'Auteur, ainſi que de la Muſique.

www.ingramcontent.com/pod-product-compliance
Ingram Content Group UK Ltd.
Pitfield, Milton Keynes, MK11 3LW, UK
UKHW020356230726
13925UKWH00003B/1156